AF599920

GRAFFITI

POESÍA

HUERGA & FIERRO EDITORES

HUERGA Y FIERRO EDITORES, S. L. U.
C/ SEBASTIÁN HERRERA, 9
28012 MADRID (ESPAÑA)
TELÉFONO: 91 467 63 61
E. MAIL: huerga@huergayfierro.com
WEB: www.huergayfierro.com

PRIMERA EDICIÓN
2024

DISEÑO DE ÁNGEL LUIS VIGARAY

DEPÓSITO LEGAL: M-13171-2024 — I. S. B. N: 978-84-128764-6-8
IMPRESO EN ROMADAC Industria del Libro.
IMPRESO EN ESPAÑA

EL VIENTRE DEL PEZ

Antonio Merino

EL VIENTRE DEL PEZ

ANTONIO MERINO

GRAFFITI

HUERGA & FIERRO EDITORES

En INMA

Porque va borrando el agua
lo que va dictando el fuego.
JUANA INÉS DE LA CRUZ

Estos libros damnifican tanto al
al hombre como a la mujer, porque
les hacen insidiosos y mañosos,
inflaman y agitan la codicia,
encienden la ira y todo deseo sucio
y bestial.
LUÍS VIVES
(De Officio Mariti. 1529)

Libro Primero

LA FESTIVIDAD DEL ASOMBRO

DOMINGO, 30 DE SEPTIEMBRE DE 1492. CAMINO AL OESTE, EN ANOCHECIENDO. DE CRISTÓBAL COLÓN A BEATRIZ ENRÍQUEZ DE ARANA.

Sudan las velas al pairo de sus pensamientos. Del palo mayor cuelgan las banderas que lamen los vientos, de norte a sur, contando los días que faltan para llegarse al fondo del mundo.

Pasea, de un lado a otro de la nao capitana. Las manos en la espalda, golpeando con el tacón de la bota los restos que el mar deposita sobre las tablas. Esta noche nadie duerme. Todos saben que por estos mares hay sirenas que te roban el cuerpo y cuando despiertas eres otro. Pero esta noche todos quieren ser lo que son: dioses, reyes, mendigos, hombres.

EL MUNDO EMPIEZA A OLER COMO TÚ

Apenas fue viernes
toda la noche
cuando se llegaron hasta el paladar
los mares que señalaban
los vientos de largo,
y era tan íntima
la ausencia de tener los pies
ceñidos a la tierra
que tan solo su recuerdo
dejaba preñadas las naves.
Ellos sienten que todo
ha crecido,
no hay humo en las estrellas
y dios está lejos.
Pero el azar quiso
que los mascarones de la alegría
mordieran en el pezón del tiempo
dando tumbos por las alacenas del aire.
Para entonces, cuando el primer sol reviente
sobre la espuma y las banderas,
los dientes ya habrán fondeado su hueso
en el azul del presagio.
Porque azules eran los cielos
y los océanos,
los ojos de las mujeres
y los mapas donde el hombre
dibujaba la tristeza.
Azul el rostro de las aves,
el vuelo suave de la nieve
y las palabras que arden.

El llanto no.
Él no tenía color
porque jamás nadie lo había soñado.

19 DE MAYO DE 1506, MARTES. VALLADOLID, CASA DE LA CALLE ANCHA DE LA MAGDALENA. COMO EN SUEÑOS.

El almirante sueña, y el sueño se encabrita sobre las garfias del lecho como si el alma tuviera la quilla partida en mil pedazos. ¿La muerte duele?, se pregunta, abandonado al piélago de la noche. Sobre el baldaquino se arrastran los vientos de proa y en derredor suyo vuelan las voces que silencian nombres y ciudades, mares y océanos clavados en el mascarón de su memoria.

El almirante sueña, y el sueño arrastra la vieja gabarra, sin timón y sin rumbo, hacia el espejo que le devuelve, una vez más, la visión de esas islas malditas que se sumergen junto a él tras la última línea del horizonte.

¿TE ACUERDAS?

Y fue
que nos quedamos inventando
la forma de llorar
y éramos
como vida que cae en recuerdo
entre el olor de los cuartos
y la música desprendida de los cuerpos,
oyendo pasar barcos
que golpeaban contra todas las estrellas,
cuando el mar se sabía noche
y desde el fondo de otros ojos
soñabas en silencio
apenas sin hacer olas.
Y el mar
regresó a los cuartos.
Y los cuerpos se silenciaron
sin anunciarse
desde el fondo de otros ojos.
Y los barcos se oyeron
golpeando contra todas las estrellas,
con su música y sus labios
condenados para siempre
a seguir silbando nuestros nombres.

Y fue
que nos quedamos inventando
la forma de llorar,
temblando en el aire,
apenas sin hacer olas.

16 de febrero de 1508, jueves. Río Guaurabo (Sancti Spíritus. Cuba)

Juan Ponce de León cuenta uno a uno los hombres que le quedan. Las cuentas no salen. Hace ya tres días que realiza la misma operación y siempre falta uno. En esta tierra si te buscan no te encuentran. A los hombres les crecen alas y las aves andan a cuatro patas, con pezuñas de caballo y cabeza de rata. Ya nadie toca música, ni recitan canciones, ni elevan salmos. Tan solo miran al cielo y callan.

EN LA FRONTERA

Navegaron mucha víspera
para conocer el sabor del mamey,
la música de los tucanes,
el olor de la vainilla,
y no han encontrado más oro
ni más fortaleza ni palacio
que el silencio de los pájaros
y la pez negra del recuerdo.

Cada noche
el mar rompe contra la lengua del Imperio
y la hace crepitar lejos de los volcanes,
de las máscaras de los dioses,
del humo de las ciudades,
para que las palabras no pronuncien
más daño
ni hagan sonar con su hueso
más miedo.

26 DE JUNIO DE 1522, LUNES. TLAXCALA DE XICOHTÉNCATL.

Él la imagina y ella le enseña a dibujar la tierra sobre su cuerpo. Apenas los separan, ellos vuelven a encontrarse. Se visitan, con el pensamiento y con la boca. Dan vueltas al mundo y el mundo se enciende sobre un fuego que no se apagará jamás. Hernán Cortés escribe para no olvidar. Redacta órdenes, consulta a sus capitanes, reúne tropas y pertrechos, junta ciudades y nombres que le abordan la mente. Lejos, muy lejos de allí, Malinche escucha cómo la vieja pluma de cigüeña se desliza sobre el pergamino arañando sin queja las palabras que ella le dicta. Las velas acarician la última luz a los pies del conquistador. A los treinta y siete años, Cortés cierra los ojos y entra en ella. El sol, el inmenso sol de los aztecas, se acuesta solo.

TENGO EL AIRE ROTO

Llegaste como un dios chiquito,
abrazada a dos olas,
dos manos que se buscan
en su sudor de sombra.
Desde la antigüedad de las palabras
viene el aire
y el aire suena en el escozor
que nace blanqueado
las paredes de la casa.
Y acaso fuera el escozor,
el abrazo de sombra,
el sudor antiguo de las palabras,
que el aire se abre a dos mitades
y a dos mitades resbala por el cuerpo
dejando pedazos de mar
sobre la almohada.

Llegaste como un dios chiquito,
abrazada a dos olas.
Una, para quedarte.
La otra, la de adentro,
para perderte.

Hoy hemos amanecido
con nieve entre las piernas.

18 DE NOVIEMBRE DE 1524, JUEVES. VALLE DE ORIZABA, EN VIAJE HACIA ACATLÁN. PENÚLTIMA CARTA DE DOÑA MARINA A CORTÉS.

Pasa por ser la mujer más odiada por los hombres y la más envidiada por las mujeres, pero a su paso todos inclinan la cabeza para no perderla. En pocos años ha conquistado reinos, tierras y hombres. De esclava de cacique a señora principal. Malinche, Doña Marina, da órdenes como un capitán y traduce náhuatl, maya y castellano con la misma soltura y suavidad con que se desordena el pelo. Hoy se casa con el soldado Juan Jaramillo y nadie quiere perderse el acontecimiento. Todo son regalos y felicitaciones. La tienda aparece llena de baúles traídos a lomos de mula por medio mundo: veinticuatro chales de seda negra, doce enaguas de bramante, catorce pares de guantes de muselina, sesenta sábanas de lino blanco y un abanico de plumas de corequenque. Todo irá a parar al fuego. Doña Marina será hoy Malinche: capa trenzada, collar de conchas y un arito de oro que le regaló Cortés. En su interior hay una inscripción en latín: «qui sequitur me non ambulat in tenebris». Morirá sin saberlo.

¿Y SI FUERA VERDAD?

Ante el espejo
siempre surge un nombre
que ella pronuncia desnudando los labios.

El amor también tiene
sus habitantes
para que el silencio
los nombre.

23 de febrero de 1525, Plaza de Tenochtitlán.

No hubo más batalla que la de adentro. Las otras se perdieron dando tumbos por las estrellas que bajaron hasta la tierra para recoger a los hijos de Moctezuma. Por eso el cielo brilla hoy más que nunca. Entre las cuatro paredes de su celda, Cuauhtémoc se arrulla el corazón y cuenta los días que le quedan por vivir o por soñar. Cada palabra es un día y cada sombra que revolotea sobre su cabeza un sueño. No dejará de soñar en toda la noche y esa misma noche morirá. El dios Quetzalcóatl, la serpiente emplumada, se arrastró hasta su celda y le robó las palabras. Palabras con música y con lluvia. Palabras que alimentan y palabras que huelen. Las que te alegran y las que te sufren. Cuauhtémoc quedó mudo. Sobre el suelo descansa una túnica de guerrero y las plumas de colores que adornaban con orgullo su frente. De las estrellas, no queda ni una.

TANTA VIDA Y JAMÁS

Tanta vida poseyéndote
entre los rescoldos de la lluvia
que la luna se hace añicos
en mis labios,
lamiendo los días azules
y las estaciones del sueño
que posaron para ti,
huidas desde las ciudades
que estallan sobre el azogue de las leyendas
para clavar en la piel
los nombres que han de volver
hacia el tuétano del presentimiento
llenándote la barriga
de manotazos y risas.

Tanta vida
y jamás lluvia ardió
tanto
para dejar en la boca
el sabor del fuego
y la condena de los que llaman amor
a esta humedad cuajada de lenguas.

9 de enero de 1528, miércoles. Isla del Mal Hado.

No quiere pensar en ella, pero la cabeza se embota y duele. El silencio pelea con su suerte y los dos lloran en esta isla donde solo crecen las piedras. Álvar Núñez mueve los labios y musita su nombre: Teresa, Teresa, Teresa. Tumbado en la arena, el mar le acuna los brazos y le limpia con sal las lágrimas de los ojos. La luna le observa. Sabe que está solo pero siente deseos de abrazarla, de entrarse en su herida, de tomar enfado en su costado, de morder sus pezones, de hundirse lejos y quedarse húmedo de toda humedad que mana desde su caricia, celoso de entregarse a ella como jamás se ha entregado a mujer alguna.

SI ME VIERAS AHORA, COMO YO TE VEO

A rebosar
el galope del pecho,
como vasija que lame el agua
y la alegra por el trotar suave
de los dedos.

El asombro trae lecturas
de cuerpo y ramilletes
de olores que anuncian
el aleteo de la noche.
Mediodía en el paladar
del recuerdo.

Solo, presencia de todo
cuanto he visto y me ha visto.
He sentido y me ha sentido
como otro.
He soñado y me han soñado
sin anunciarme.

Solo pero a rebosar,
como un universo
cuajado de voces.

14 DE AGOSTO DE 1531, MARTES. ISLA LA ESPAÑOLA (SANTO DOMINGO). FRAY BARTOLOMÉ DE LAS CASAS AL CONSEJO DE INDIAS.

No conoce otro cuerpo más que el suyo, ni orgullo de soldado, ni honra de mercader, ni dignidad de caballero, pero ha visto tanto que los ojos le dejaron solo y se fueron tras las caderas de las muchachas, y bajaron hasta las barrancas desde donde el indio no vuelve, y bailaron su cólera en las alcobas donde se conspira, en los humilladeros donde se pudre la carne de los ahorcados.

La pluma se embrutece. No quiere hablar. Él la insulta, la retuerce entre sus manos. El pobre cura no sabe que las plumas que gritan la verdad no son de ave sino de nieve.

LA VIDA PARTIDA EN DOS COMO UN PALITO

De este olor a quemazón,
espatarrado en el aire
como la más hermosa de las mujeres,
no quedará sino el humo
de sus huesos
y el polvo con que juntar
vida y sueño.

Con el hacha y la soga
caen el tiempo y los hombres.
La memoria sube
hasta las horcas y los patíbulos
desprendiendo un hilito
de voz.

15 DE FEBRERO DE 1536, LUNES. VALLE DE ULÚA (YUCATÁN).

Alonso Dávila grita y maldice a este renegado, hijo de satanás, que trae loco a un ejército de quinientas almas. No pudo ser con el adelantado Francisco de Montejo, y tampoco será él quien dé caza a Gonzalo Guerrero, marino de Palos que naufragó en las costas de la isla que llaman de Mujeres y que ahora luce como un indio, habla como un indio y pelea como un indio. Guerrero se ha hecho invisible. Cuando cae la noche entra sin pedir permiso en los sueños de Dávila y le picotea las frutas más sabrosas, le esconde los tesoros, hace el amor con su amante y le desnuda la luz de las antorchas para que mañana, cuando se despierte empapado en sudor, no pueda dar con él. Los gritos de Dávila se confunden con los tambores que tocan para celebrar el regreso del cazador de sueños.

PALABRAS PARA ALMORZAR SIN TENER HAMBRE EN LOS OJOS

Nos borraron los signos,
la magia del milagro,
la certidumbre del hombre
cayendo sobre el hombre.
Sólo después,
cuando el duende quebró
los espejos de la sangre,
pudo la saliva pronunciar y
pronunciaros.

Nos borraron el misterio.
Mas no la vida.

En ella solo se reconocen
los que tienen un fuego dentro
y dibujan con humo
la festividad del asombro.

27 de abril de 1541, miércoles. Peñón de Nochistlán. De Pedro de Alvarado a Beatriz.

Ella jamás llegará a leerla. Los dioses han querido que la tierra sea más redonda que nunca.

LA CARTA

Te amo,
como país o mundo
donde vivir,
odiando las fronteras
que ponen pañuelos en tu borde,
odiándote en la muerte
que levanta la espuma del alma,

desde el sueño del agua
hasta los sótanos de las venas
por donde corren el misterio
y las palabras,
como un niño que tirita
por las primeras geografías
del cuerpo
y al que la noche busca con miedo
entre las sábanas.

Solo, dios y yo,
poniendo nombre a tu boca
y a mi vergüenza,
mientras las manos
se sientan a contemplar
cómo la gente me baila en tu vientre.

2 de julio de 1547, sábado. Ciudad de México.

En un rincón de su habitación Doña Marina masculla palabras que nadie entiende: «si volviera a nacer lo haría de nuevo». Toda su cabellera es una gota de luz que la mañana deposita sobre sus hombros atravesando el mar de su ventana.

SI TE PRONUNCIO SUEÑO

Me pronuncio en ti
y en ti la vida
es un hermoso desconchón
que la noche empuja
muerde hacia el agua
y chapotea en el moho de las palabras
que se olvidaron de oficiar
la ceremonia antigua de los besos.

Se toman tus ropas
y se andan por el cuerpo medio desnudas,
vistiendo fantasmas, ordenando papeles, maleficios,
callando la sombra
que en su vuelo
tanto se parece a mí
para que más
no duelas.

Me pronuncio en ti
porque sé
que solo en ti
me sabe a rabia
la lengua con la que
te sueño.

6 DE JUNIO DE 1553, JUEVES. SEVILLA.

Inés Suárez camina desnuda por los patios de la Casa Grande. El aire mece las copas de los árboles y hace girar su cabeza hacia el primer sol del verano. Mañana saldrán para Tumpel las palabras que esa noche pondrán a Pedro de Valdivia en su boca.

AL FONDO DE NO ESTAR

No hay mirada
más huérfana
que aquella que
describen tus ojos
buscando su rostro
en la ventana.

No hay mirada
sino cristal.

Libro Segundo

EL FUEGO DE LAS PALABRAS

8 de marzo de 1556, viernes. Asunción (Paraguay).

Se diría que es un hombre si no fuera por el jubón que le hace saltar los pechos de pura rabia. A su espada le faltan dos palmos de buen acero vizcaíno, y de su cabeza cuelgan los ojos que le adivinan el pensamiento. Isabel de Guevara, soldadera, amante de bribones, capitanes y nobles, piloto de nave desde el río Paraná hasta la Asunción, ha entrado en la ciudad como un soldado más. Todos reciben prebendas y honores. Ella no. Ser mujer no es delito, pero lo parece.

ISABEL

Ancha la oscuridad
de tus ojos
donde uno se mira
para doler

o quererse mucho,
sin tocar pena
donde alguna vez hubo
el desmayo de hallarte.

12 DE MAYO DE 1561, MIÉRCOLES. NUEVA VALENCIA DEL REY.

Enfundado en un cuerpo acribillado por la fiebre y el dolor, Lope de Aguirre no atina a empuñar la pluma con la que escribirá a su hija Elvira antes de fondear hacia El Dorado. La primera palabra duele. La segunda, la tercera, la cuarta, ruedan por el suelo del bergantín sin hallar su mano.

A VECES

A veces tengo miedo
y pienso en ti.

A veces estoy solo
y pienso en ti.

Siempre pienso en ti.

Solo, a veces.
Tengo miedo.

19 DE OCTUBRE DE 1563, VIERNES. MANÍ (YUCATÁN).

Por toda la ciudad se levantan hogueras que incendian el cielo. Fray Diego de Landa acaba de echar al fuego ocho siglos de cultura maya.

Arden las palabras y, mientras arden, hombres y mujeres se untan el cuerpo con la tizne que brota de las cenizas. Dibujan mapas, hacen jeroglíficos, escriben sus nombres y los nombres de sus hijos, los nacidos y los que están por nacer. Pasarán toda la noche frente al fuego, en silencio, agarradas las manos para que estas hablen y cuenten a los dioses lo solos que están.

LAS MANOS DEL FUEGO

Ya dos, tus manos
y las mías,
que te agarran la vida
como en sueños
encielando tu vientre
bajo mi peso dulce.

Ya dos,
tus manos, las mías,
mirándose en falta de antojo,
ausencia donde aguardar la mirada
de tanto ver sin encontrar tu roce.

23 DE DICIEMBRE DE 1566, LUNES. XAQUIXAGUANA.

Él la vio primero. Desde que estuvo con Vasco de Quiroga en Michoacán, no ha pensado en otra cosa. Sancho Abad se frota los ojos y descubre que todo su cuerpo es un saco de huesos. Por el suelo navegan, él y ella, atados al esquife de esta noche sin luna. La luz de los cocuyos ilumina sus rostros, y con sus alitas hacen tic-tac, tic-tac, para que el tiempo, por primera vez, sea solo suyo.

DE ESTE TEMBLOR,
QUE NO SALGAS NUNCA

Violencia de tu nombre
en mi nombre recién nacido,
como si la saliva
se derramara sobre las sábanas
y te encontrase desnuda
ardiendo en la lengua.

Labios de mi nombre
en tu nombre húmedo,
temblando de celebraciones
que inundan los patios del cuerpo
mientras mi amor rezuma en tu boca
rompiendo aguas.

3 de mayo de 1568, viernes. Lima.

Esta ciudad, que ha visto rodar la suerte de Pizarro, de Almagro, de Núñez de Vela, de Carvajal, como arena que el azar vuelca sobre las ampolletas de los relojes, asiste ahora a la venta de los hijos de Atahualpa, de Huaina, de Manco Cápac. El dios castigador contra el dios que nos sueña. Aquí todo se compra y todo se vende. La carne es débil y por eso cuesta poco. Un indio de Cuzco vale veinte collares de vidrio. Si es hembra, con suerte de parir hijos, no bajará a las minas y servirá en la mesa del capellán y en la cama del recaudador. Es el mercado más grande de Europa. La llegada de los barcos holandeses se ha convertido en una fiesta. Hombres, mujeres y niños nacidos en plena travesía son expuestos en la plaza. No hay color que duela más a los ojos que el suyo. Indio y negro. Negro e indio. Se miran con ternura, con odio y con pena. Saben que llegará el día en que sus hijos serán sus amos.

LA HISTORIA QUE VENDRÁ

Como hombrecillos de a uno
van llegando los fantasmas
que regresan del latido
del mundo.
De las velas descienden los días
amasados como panes
y las noches se andan en cueros
para ahuyentar la fiebre.

De un tajo se han abierto
las gavetas del sueño
haciendo jirones el tiempo.

Definitivamente la tierra
será otra.
Otra la casa que la habite.

Libro Tercero

EL SUEÑO QUE VENDRÁ

15 de agosto de 1570, jueves. Quito.

País es el nombre de la mujer que amo. A Juan Rejón no le importa negar a dios, al rey y a los hombres. Le atan de pies y manos, y le vierten sal y semen derretido sobre las heridas que se abren de dolor. El inquisidor le implora, le suplica que abjure, que rechace a esa mujer, negra como su corazón. La piel se tensa como un tambor y cruje en la madera. Juan Rejón, capitán de capitanes, alza la cabeza y canta.

LOS OTROS NACIMIENTOS

Sombra de tu amor,
País que se tiende sobre la piel
y la llena de asombros
en un crepitar profundo de campana.

Lumbre y sonido
que pellizcan de tal modo
su caricia
que a puñados recojo pedacitos de sol para aliviar mi herida.

Moja en tu paladar
las últimas gotas de luz
y en desbandada de susurros
vuela hacia el tiempo presentido
como si el recuerdo le brincara
en el pecho.

Sombra de tu amor.
País que amo
hurgando en la oscuridad líquida
del cuerpo.

12 de junio de 1571, lunes. Ekos (Nigeria).

Lo anunciaron largamente los tambores, y las bocas se hicieron eco de gentes que regresaban de sus sueños. Yayeri Auma escucha atentamente las palabras de su abuelo Lutwala y, mientras escucha, va poniendo nombre a las nubes que sobrevuelan sobre su cabeza.

EL COLOR DEL CIELO

Vinieron montados
en una nube tan grande
que cuando llovía
caía gente de adentro.

La nube era de agua
y se movía sola.

Tenía los pies tan largos
que se enroscaban en las copas
de los árboles
y los pájaros levantaban casitas
sobre sus hombros.

Ella jamás miraba
porque no tenía ojos
y cuando dormía le crecían manos
y pies y cabeza
y agarraba mujeres y niños y hombres,
todos,
hasta que despertaba y desaparecía
por entre los cielos
dejando la tierra lastimada.

Vinieron montados
en una nube.
La nube era de agua.
El agua era de fuego
y hablaba.

23 DE NOVIEMBRE DE 1573, SÁBADO. FUENTE DE CANTOS (BADAJOZ).

Hace más de veinte años que Antonio de Ordaz dejó casa, mujer y tierras, para seguir a Gonzalo Pizarro en su locura. Ahora regresa para poner hacienda y orden a sus asuntos. Del día de su partida ya nadie se acuerda. Tan solo su mujer espera, sentada en la puerta, a que dios se la lleve con él. Y mientras espera recuerda la última noche que fue hermosa y repite, una y otra vez, su nombre. Un nombre que jamás existió.

LA CASA DE ADENTRO

Han regresado
con la piel zurcida a los huesos.
Llevan en la cara
la imagen de un dios enfermo.
Tienen humo en los ojos
y la lengua les sabe a tierra
y a sal.

Muchos morirán
sin poder contarlo.
Otros pagarán sus deudas
con la horca
o con la plata que escondieron
entre los dientes.

Los más
vivirán el resto de sus días
con los ojos abiertos
porque, si los cierran,
enferman de pensamiento y de pena.

El sueño también mata.

5 DE MARZO DE 1576, MARTES. LA HABANA.

A Mercedes le subía el amor por las piernas. Mercedes Ferrer, bruja de Camajuaní, es hija de Oshun, dueña del río, del oro, del coral y del ámbar. Nadie sabe la edad que tiene, y en las noches de luna llena se puede ver su figura reflejada en las aguas, con el cuerpo cubierto de miel y sabrosos jugos que le despiertan las hambres de varón. Tan grande es su apetito que, si te alcanza, cuando regresas ya eres viejo y se te olvida vivir. Todos la tienen por loca, pero Mercedes sonríe y danza en sus pupilas, y se confunde con el enemigo, y arde por dentro, y se encabrita en los sueños de los otros, porque Mercedes es el mundo y no es nada.

EL ENCUENTRO EN EL BOSQUE

Alumbran los cuerpos por dentro
sin hacer fuego
y cuando aman
pronuncian palabras que, de oírlas,
te cambia el color de la piel.

De entre los dedos
sacan peces y plumas
y caracoles gigantes.
Las mujeres paren con el vientre
pegado a la tierra mojada
y los hijos les nacen calientes,
con los huesecillos llenos de maíz
y de música.

Tienen ojos de todos los colores
y cuando el sol les da en la cara
brillan como un espejuelo
donde se refleja el mundo.
No el que nace
sino el que esperan.

6 DE MAYO DE 1581, MIÉRCOLES. SANTA MARÍA DE LOS BUENOS AIRES.

No fornicarás. No amarás a la mujer de tu prójimo. No tendrás malos pensamientos ni mentirás. «Dímelo, dímelo otra vez». Las campanas del convento de la Asunción tocan cada hora para espantar las fiebres que asolan a las comarcas vecinas. Así lo ha dispuesto el gobernador Juan de Garay, y así se ha de cumplir. El convento apenas conserva cuatro celdas para tanta mujer. No pueden hablar, bajo pena de excomunión, pero saben leer en las manos, en los pezones, en las plantas de los pies, en los labios. Ellas lo aprendieron de las sombras que juegan con la luz de las velas, y ahora sus sombras desaparecen cada noche jadeando entre las celosías. «Dímelo, dímelo otra vez. Dime que me quieres, aunque no sea verdad».

LA COMPAÑERA

Tan sola
de estar en ti
me acompaño en tu huida
y soy más tuya
y más de mí
que si estuvieras untada
en la lengua
y no pudiera verte
de puro muda que me nacieras,

atravesada como un palito
en el sueño,
con los ojos atiborrados
de palabras
y la sangre llena
de deseos.

12 DE ENERO DE 1584, JUEVES. ISLA DE LA TORTUGA.

Fue paje de Gonzalo Jiménez de Quesada, Barbanegra, en su viaje por el río Magdalena. Allí, un tiro de arcabuz le voló un brazo y su desgracia le llevó a ser carne de horca en todos los puertos que fondeaba. Francisco Alcázar, «El Extremeño», es todo menos un pirata. Habla con acento inglés y viste como un señor de Potosí. Pese a tener un solo brazo es capaz de partir en dos el caparazón de una tortuga, y cuentan que mientras sus hombres saqueaban la ciudad de Nueva Cádiz conquistó a la hija del gobernador y ahora ella se anda medio loca buscando al único hombre al que se entregó. Este viejo, a sus ochenta y cuatro años, sigue contando historias de náufragos, de abordajes y de alcobas. Sobre la mesa extiende una hoja de cupey y señala con el mosquete el lugar exacto del tesoro. Afuera, alguien le espera.

LOS REYES CHIQUITOS

Conquistaron la locura
y bajo la noche eterna
los fantasmas se burlan de sus sueños
dibujando en los picos de las aves
y sobre la lumbre de los cielos
fabulosos reinos salpicados de oro y pedrería,
galeones abarrotados de pimienta y canela,
mujeres que amaron y fueron amadas
desde el primer sol hasta la última tiritona.

Cuando amanece
despiertan empapados de luz
y, mirándose unos a otros,
piensan que tan solo la visión de la sangre
les hará vivos.

Pero, si se tocan, desaparecen.

14 de febrero de 1586, miércoles. Plaza de Cuzco.

Dicen que nacieron del vientre de un macho cabrío. Si las miras te quedas bizco y a su contacto la piel te arde y mueres. María acaba de cumplir siete años y es hija de Juana de Tejada.

Sus hermanas, Carmen y Sara, están a su lado, frente a frente, con los pechos hundidos por los golpes y las cabezas ralas al contacto del vinagre ardiendo. Se las quema vivas. María es la primera. Ellas, que aprendieron a hacer música con el cuerpo, dicen adiós al mundo. Desde ahora, en esta ciudad, todas las mujeres se llamarán Olvido y solo engendrarán varones. Dios será hembra.

RECUERDA, CUERPO

Hay tardes que la lluvia aventa
arañando en la tierra
el olor que se vuelca hacia dentro.
Rezuman las manos
que se ciñen a las sábanas
hincando las pupilas en las sombras
que ondean hinchándose de sudor.
Trenzan las frentes
y las miradas se hunden
al latido de los huesos,
regresando después de cada
fabulosa inmersión
con los ojos cargados
de nombres y de vida.

Tardes,
recuerdos como zurrapas
que la tristeza pone en la lengua
para que otros cuerpos y otras manos
nos devuelvan el rostro
con ese brillo que salta sobre las hojas
cuando el sol les hiere en la cara.

26 de febrero de 1588, sábado. Manzanillo (México).

Ella lo dijo, y lo dijo delante de todos, para que no hubiera dudas: «si me olvidas, te mato». Desde Sanlúcar de Barrameda partió Luis de Salazar sin más fortuna que la puesta, y con los años aprendió los oficios de truhán, vendedor de carne humana, asistente de inquisidores y maestro en el disfraz. Rodeado de lacayos que le limpian la baba y dan lustre a sus cien pares de botas, Luis de Salazar duerme la siesta de los infelices. Hace años que Manuela lo vio todo como en un espejo, cuando un día fue a sacar agua del pozo y, desde el fondo, observó a Luis acompañado de una corte de damas que volaban con sus vestidos de mil colores. Ahora Manuela está sentada frente a él, con los ojos clavados en la ventana por donde los barcos pasean y se dan la mano. Duerme Luis. Duerme Manuela. Los dos desaparecen sin convidar a nadie.

EL USO DEL LENGUAJE

Quiéreme de tu boca
que nazca tu nombre
afuera,
fondeando las palabras
al trote suave de mi alma
o tambor donde tocas la vida
y desapareces,
como pez alado o guaicán
que roza mis labios y muerde
este viejo cascarón,
abierto por los soles
que bebieron en tus ojos
para verte entera
en mi hueso infinito
de olvido.

7 DE FEBRERO DE 1590, JUEVES. XOCHIMILCO.

Aprendió anatomía en los burdeles de Córdoba y en las mazmorras de Argel. Hijo de astrónomo y nieto de galeno, Diego Vázquez mira, pero no habla. Mandó el rey que le cortaran la lengua por sus muchos pecados, y salvó el pellejo atravesando el océano en una cáscara de nuez. Aquí vivió por cinco años, entre indios y recuerdos, masticando raíces de yuca y atesorando en los ojos los nombres de las hierbas que sanan la mente y celebran el cuerpo: Embeleso, para el desvelo. Ayúa, para el dolor de muelas. Cundeamor, para la fiebre. Bijagua, para las quemaduras. Siempreviva, para los gases. Todos quieren saber de él, de sus pócimas que huelen a tocino pero que alivian el mal de barriga y te enderezan la flojera de huesos.

LA VIDA QUE LLEGA

Cazan los cielos
con un solo ojo.
Llaman maravilla
al brillo de los metales
y pueden adivinar el color del mal
frotando un cabello: soplan sobre él
y el mal se desvanece.

Algunos se detienen medio siglo
a escuchar el ronroneo
de las estrellas
y sobre sus mesas
se extienden los mapas
y los instrumentos
que sacan punta a los números
y los llenan de olores
y los voltean hacia el infinito
para medir la longitud
del alma.

Gira el compás
y mientras gira
la tierra se les antoja
redonda y blanca
como un pan lleno de gente.

Fuera de ella
dios inventa la memoria
y la hace rodar.

22 DE AGOSTO DE 1593, LUNES. VALLE DE MITLA.

Él no corre, corre su sombra. Mira hacia atrás y no ve a nadie. Sin luna los pies se alargan y los caminos se estrechan. Su corazón es un tambor que acude a la llamada de la sangre. Ella le habló, le contó historias que se enredan en la lengua y ya no se olvidan. Por eso Andrés Santa Cruz, hijo de español y de india zapoteca, aguantó sin queja los treinta latigazos de la noche anterior. Esperaba a que ella le hablara y le dijera vete, eres libre. Corre Andrés y corren los montes y los volcanes. Corren los ríos y los océanos, las aves que no podían volar y los peces que adornan el fondo de los mares. Sus ojos no. En la mirada lleva tatuada una gota de lluvia. Si se derrama volverá a ser esclavo, y el sinsonte le contará a su amo que por una noche soñó con ser libre y lo consiguió.

EL DESCUBRIMIENTO DE LA SANGRE

Añil los relojes
que rebotan contra las cárceles
del alma.
Tras los umbrales del tiempo
se hacinan los caireles del odio
y los libros de horas apuntan hacia la mano
que señala el sur
sembrando el cielo de palabras.

Lo que ayer era vago, inconcreto,
un garabato apenas,
hoy es hermoso, real,
calambrazo del aire.

El hombre acaba de descubrir
que la sangre es caliente,
como el sexo de una mujer.

DOMINGO, 30 DE SEPTIEMBRE DE 1596. ISLA SAN SALVADOR.

El caballo sabe quién es caballero y quién no. Le enseñaron que el olor de fraile o de noble no es igual al de cuarterón o zambo. Por eso acepta cualquier posadera menos la de indio, mestizo o negro. Solo Ñeque, el diablillo que nació entre sus patas, puede acariciarle el hocico y darle de comer granos de maíz que toma de su mano sin tocarla. El amo, que es dios en estas tierras, pone nombre a las cosas, a los animales y a los hombres. A Ñeque le tocó ser Ñeque nada más nacer, porque traía dientes en la boca y el ombligo botado hacia afuera. Aprendió a correr como él, a espantar las moscas y a morder los piojos que le han dejado el cuerpo lleno de llagas. No tiene alma, porque la perdió al abrir los ojos, pero sabe que la lluvia es buena porque le alivia las heridas. Que el sol tiene manos con las que frota su cuerpo. Que las estrellas son como muchachas vestidas de blanco. Que la noche no existe sin el día como no existe la memoria sin el recuerdo. También sabe que el mundo termina aquí, donde empezó todo. Viejo caballo. Viejo mundo. Ñeque los mira de reojo y sonríe. Los dos se despiden relinchando.

EL ÚLTIMO HABITANTE DEL MUNDO

¿Desde qué ombligo asomas
escancias la alegría en el aire
para que hoy tenga hermosa
la frontera del sueño
como si se arrebujaran
las telarañas del esqueleto
y diera calorcito pronunciar
tanta ternura?

¿Hacia qué latido
vuela tu corazón?

ÍNDICE

EL VIENTRE DEL PEZ

Esta obra
se acabó de imprimir
con los auspicios de
Charo Fierro y
Antonio J. Huerga, editores

FINIS CORONAT OPUS